CONTRIBUTION

à l'Étude des Réformes

CONCERNANT LA

SITUATION POLITIQUE et ÉCONOMIQUE

des Indigènes Algériens

CONTRIBUTION

à l'Étude des Réformes

CONCERNANT LA

SITUATION POLITIQUE ET ÉCONOMIQUE

des Indigènes Algériens

ALGER
TYPOGRAPHIE ADOLPHE JOURDAN
IMPRIMEUR-LIBRAIRE-ÉDITEUR
PLACE DU GOUVERNEMENT

1916

Contribution à l'Étude des Réformes

CONCERNANT LA

SITUATION POLITIQUE ET ÉCONOMIQUE

des Indigènes Algériens

Alger, mars 1916.

La Chambre des députés clôturant, le 9 février 1914, de longs débats sur la politique algérienne, adoptait, à l'unanimité, l'ordre du jour suivant :

« La Chambre, confiante dans le Gouvernement pour réaliser à bref délai l'égalité fiscale, pour modifier largement et améliorer le statut des indigènes, pour accorder à ceux-ci toutes les libertés compatibles avec la souveraineté française et persister à assurer le développement de la colonisation, passe à l'ordre du jour. »

Le Sénat, de son côté, après avoir discuté et voté le projet de loi sur l'indigénat, adoptait un projet de résolution tendant à constituer une Commission sénatoriale de dix-huit membres, chargée de « rechercher, de concert avec le Gouvernement, les réformes que comporterait la situation présente de l'Algérie, au triple point de vue politique, administratif et économique ». Ce projet de résolution, dû à l'initiative de M. Monis, avait fait l'objet d'un rapport favorable de M. Henry Bérenger ; M. Jonnart, ancien Gouverneur Général de l'Algérie, lui apporta son adhésion à la tribune.

Le Sénat renouait ainsi la tradition des grandes Commissions sénatoriales d'enquête qui sont restées célèbres en Algérie : la Commission de 1869, dont le rapporteur fut Armand Behic, et celle de 1891, présidée par Jules Ferry. L'œuvre de la nouvelle Commission peut avoir, elle également — si elle est précédée d'une enquête sur place, documentée et patiente — la plus heureuse influence sur le développement et les destinées de l'Algérie.

Le vote du Sénat est du 10 juillet 1914. Trois semaines plus tard, la guerre éclatait et suspendait forcément l'étude des réformes algériennes entrevues par les deux Chambres, quand brusquement, le 25 novembre 1915, une lettre de MM. Clémenceau et G. Leygues, au nom de la Commission des Affaires étrangères du Sénat et de la Commission des Affaires extérieures de la Chambre, vint presser le Gouvernement de faire aboutir « sans délai », au profit des Indigènes algériens, une série de réformes qu'elle énumérait.

Ces réformes sont telles qu'elles provoqueraient, d'un jour à l'autre, un bouleversement complet dans la situation politique et sociale de l'Algérie et y mettraient certainement en péril la souveraineté même de la France.

Aussi, émues des conséquences que ces réformes entraîneraient et de la forme impérative et pressante avec laquelle elles étaient réclamées, quelques personnes, fixées de longue date en Algérie, ont estimé qu'il était de leur devoir de faire connaître, sans plus tarder, leur sentiment sur le fond des réformes dont la lettre de MM. Clémenceau et G. Leygues réclamait la réalisation immédiate.

Ces personnes appartiennent aux milieux les plus divers : membres des Délégations Financières, du Conseil Supérieur et des Conseils Généraux, Maires, Présidents de Chambres de Commerce, de Chambres d'Agriculture et de Syndicats Commerciaux, membres du Barreau, universitaires. Dans leur initiative, elles ne sont guidées par aucun intérêt personnel et ne sont influencées par aucune prévention. Elles se sont souvenues qu'à d'autres époques — notamment lorsque les Algériens réclamaient l'établissement d'un régime civil — le Parlement et le Gouvernement avaient accueilli avec faveur les avis résultant d'un long séjour dans ce pays. Elles ont pensé que la question indigène, posée avec tant d'acuité devant les Chambres et devant l'opinion métropolitaine, avait besoin, plus que toute autre, pour être sainement étudiée, d'être éclairée par l'expérience d'un contact quotidien. Et c'est dans cet esprit que ces personnes ont rédigé l'exposé qui suit.

Leur travail n'a la prétention d'être ni une œuvre législative, ni une étude complète sur la situation des Indigènes algériens. Il a seulement pour but d'indiquer le sens général dans lequel il apparaît à ses auteurs qu'il conviendrait d'orienter les efforts, en vue d'améliorer cette situation utilement pour la population indigène et sans péril pour la suprématie française.

Le groupe constitué par les signataires de cet exposé comprend :

MM. E. Giraud, Président des Délégations Financières, Maire de Birkadem, *Président* ;

F. Barbedette, Président de la Commission des finances des Délégations Financières, membre du Conseil Supérieur, Maire de Djidjelli ;

J. Bertrand, ancien Président des Délégations Financières, Président de la Chambre d'Agriculture d'Alger et de la Société des Agriculteurs d'Algérie ;

L. Billiard, Président de la Chambre de Commerce d'Alger ;

Ch. de Galland, ancien Proviseur du Lycée de Ben-Aknoun, Maire d'Alger ;

MM. A. Mallarmé, Professeur de droit administratif à la Faculté d'Alger, Avocat à la Cour, *Secrétaire ;*

M. Morand, Doyen de la Faculté de droit d'Alger, Professeur de droit musulman, *Rapporteur*;

E. Morinaud, Président du Conseil général de Constantine, membre des Délégations Financières et du Conseil Supérieur, Maire de Constantine ;

A. Otten, Avocat à la Cour, ancien Vice-Président du Conseil Général d'Alger et du Conseil Supérieur ;

A. Renaud, Président du Conseil Général d'Oran ;

E. Sabatier, Président de la Délégation financière des colons ;

J. Tarting, Entrepreneur de Travaux publics, Président du Syndicat Commercial d'Alger.

Une Commission, composée de MM. Otten, Sabatier, Morand et Mallarmé, fut chargée d'élaborer un rapport. Ce rapport, rédigé par M. Morand, Doyen de la Faculté de droit d'Alger et Professeur de droit musulman, fut ensuite, au cours de plusieurs séances, discuté en commun et adopté, point par point, dans la rédaction définitive ici présentée.

Les Réformes projetées sont-elles opportunes ?

La lettre de MM. Clémenceau et G. Leygues, en date du 25 novembre 1915, demandait à M. le Président du Conseil de faire aboutir sans délai un certain nombre de réformes visant la situation matérielle et morale des populations indigènes de l'Algérie.

Cette lettre, publiée par le journal *Le Temps*, du 1er janvier 1916, est ainsi conçue :

« Monsieur le Président,

« La Commission des Affaires étrangères du Sénat, en plein accord avec la Commission des Affaires extérieures de la Chambre des Députés, et se prévalant des volontés formellement exprimées par les deux Chambres, a l'honneur de vous prier de faire aboutir sans délai les réformes qui visent la situation morale et matérielle des populations indigènes de l'Algérie.

« Ces populations viennent d'affirmer une fois de plus avec éclat leur loyalisme et leur profond attachement à la France.

« L'heure ne saurait être mieux choisie pour réaliser, par des actes précis et définitifs, les réformes dont les principes ont été votés par la Chambre des Députés, le 9 février 1914.

« La Commission prend la liberté, Monsieur le Président, de vous rappeler les points essentiels de ces réformes déjà mûrement étudiées depuis plusieurs années, toutes prêtes à l'heure actuelle.

« En premier lieu, admission des indigènes au bénéfice d'un régime nouveau de naturalisation n'impliquant pas la renonciation au statut du personnel ;

« Extension du corps électoral indigène et garanties données pour la libre expression des volontés de ce corps électoral. Représentation indigène dans un Conseil supérieur siègeant à Paris et destiné à renforcer le contrôle administratif et politique de l'Algérie ;

« Règles nouvelles précisant et garantissant efficacement les droits de la représentation indigène aux Délégations financières, dans les Conseils généraux et les Conseils municipaux, en ce qui concerne la répartition des dépenses du budget colonial et des budgets locaux, et le contrôle de leur emploi ;

« En conséquence, incompatibilité des fonctions administratives avec les fonctions électives ; participation des Conseils municipaux indigènes à l'élection des Maires ;

« Réforme des impôts arabes ;

« Garanties nouvelles accordées à la propriété indigène.

« Une politique indigène libérale et confiante nettement et généreusement définie, est la seule qui puisse s'harmoniser avec les vues générales et les desseins de la politique française. Elle répond aux sentiments unanimes de notre pays qui souhaite l'épanouissement de toutes les forces vives de sa grande possession africaine par l'association des intérêts et le rapprochement des cœurs.

« La mise en œuvre de cette politique doit rester la préoccupation constante des représentants de la France dans l'Afrique du Nord.

« Les vaillants soldats indigènes de nos pays de protectorat, comme les indigènes algériens, ont fait notre admiration sur les champs de bataille de l'Europe ; ils ont versé héroïquement leur sang, à côté des nôtres, pour le triomphe de la plus noble des causes. La Commission ne sépare pas, dans les manifestations de sa reconnaissance et de sa sollicitude, les pays de protectorat de l'Algérie.

« Elle demande au Gouvernement que satisfaction soit

donnée à leurs plus légitimes aspirations dans un cordial esprit de fraternité.

« Elle considère d'ailleurs comme un devoir d'étendre, à tous les indigènes qui vivent à l'ombre de notre drapeau, l'application progressive des principes de libéralisme et de justice qui sont l'honneur et la force de la France républicaine. »

La publication de cette lettre a causé en Algérie une vive surprise. On s'est étonné tout d'abord que cette lettre présentât comme l'exécution « des volontés formellement exprimées par les deux Chambres », la réalisation de réformes déterminées visant « la situation morale et matérielle des populations indigènes », au moment même où le Sénat manifestait seulement, par la nomination d'une Commission de dix-huit membres, son intention d'entreprendre « l'étude des réformes que comportera la situation de l'Algérie » (1).

On s'est de plus étonné, en Algérie, que cette lettre donnât, comme mûrement étudiées et votées en principe par la Chambre des Députés, le 9 février 1914, des réformes telles que la naturalisation des indigènes, sans renonciation au statut personnel musulman qui, jusqu'ici, n'ont jamais fait l'objet d'une discussion sérieuse, pas plus au Parlement qu'au Conseil Supérieur du Gouvernement ou aux Délégations financières algériennes, et que, dans tous les cas, l'ordre du jour de la Chambre des Députés du 9 février 1914 ne faisait pas pressentir, puisqu'il porte simplement : « *La Chambre, confiante dans le Gouvernement pour réaliser à bref délai l'égalité fiscale, pour modifier largement et améliorer le statut des indigènes, pour accorder à ceux-ci toutes les libertés compatibles avec la souveraineté française et persister à*

(1) L'élection des membres de la Commission sénatoriale a eu lieu le 24 novembre 1915. La lettre de MM. Clémenceau et G. Leygues est datée du lendemain.

assurer le développement de la colonisation, passe à l'ordre du jour ».

D'autre part, on n'a pas encore perdu, en Algérie, le souvenir des conséquences regrettables résultant de la hâte avec laquelle, au cours de la guerre franco-allemande de 1870, le Gouvernement de la défense nationale y improvisa certaines réformes. Et l'on s'est demandé si l'heure présente était bien la plus convenable — alors que depuis le début de la guerre toutes élections ont été suspendues — pour faire aboutir sans délai des réformes aussi considérables et destinées à passionner aussi profondément l'opinion publique, que celle de l'extension du corps électoral indigène, par exemple, ou encore celle de la collation aux indigènes de la qualité de citoyen sans renonciation au statut personnel musulman, réforme qui, selon M. le sénateur Bérenger, *constitue « l'un des problèmes législatifs les plus graves de notre politique musulmane dans l'Afrique du Nord* » (1).

On s'est étonné enfin, en Algérie, que les réformes projetées aient été présentées comme une sorte de réparation tardive à l'égard des indigènes et, presque, comme un témoignage particulier de reconnaissance pour le loyalisme inattendu et le dévouement exceptionnel dont ils auraient fait preuve au cours de la guerre actuelle.

Certes, le loyalisme des indigènes semble ne s'être point, jusqu'ici, démenti et les engagements contractés pour la durée de la guerre paraissent avoir été nombreux. Avant, toutefois, de s'émerveiller du nombre de ces engagements, il serait peut-être prudent d'attendre de le connaître, de voir ce qu'il représente par rapport au nombre total de ceux qui auraient pu offrir leurs services à la France, et de savoir aussi le taux des primes qui les a déterminés. Car c'est seulement alors qu'il sera possible de savoir si ce nombre témoigne d'un empressement véri-

(1) Rapport au Sénat. — Annexe au Procès-verbal de la séance du 16 juin 1914, p. 30.

tablement exceptionnel et réellement méritoire ; de même que ce n'est qu'une fois la paix faite et quand ceux qui ont la responsabilité de l'ordre ne seront plus astreints à la même discrétion, qu'il sera permis de dire, avec quelque certitude, si la fidélité des indigènes à notre cause a bien dépassé celle que, strictement et à raison de l'œuvre accomplie par elle en Algérie, la France était en droit d'exiger d'eux.

Dès lors, à témoigner dès maintenant une trop vive admiration pour leur conduite, n'y aurait-il pas de graves inconvénients ? La population indigène ne verrait-elle pas, dans des témoignages hâtifs d'une reconnaissance un peu excessive, la révélation d'inquiétudes qu'au début du conflit la France aurait éprouvées touchant le loyalisme de son attitude ; n'y verrait-elle pas la manifestation de l'agréable susprise que nous a causée la correction de cette attitude, de la joie que nous en avons ressentie, joie tempérée, cependant, par la crainte d'un revirement possible ; n'y verrait-elle pas, enfin, la préoccupation de contracter une sorte d'assurance contre l'éventualité de ce revirement ?

En un mot, dans ce qui n'est que l'expression du désir des honorables membres du Parlement d'accomplir une œuvre de justice, les indigènes ne verront-ils pas un aveu de faiblesse ?

D'autre part, il se peut que la France ait tardé à réaliser, dans l'intérêt des indigènes, certaines réformes qui auraient pu l'être plus tôt. Mais, il serait excessif de donner à penser que, de ce chef, les indigènes ont droit à une véritable réparation, parce que ce serait méconnaître l'importance de tous les sacrifices faits par la France, en Algérie, dans l'intérêt des indigènes et méconnaître, aussi, la difficulté des problèmes qu'elle a eu à y résoudre. Dès l'instant que la France avait décidé de coloniser l'Algérie, d'y introduire et d'y installer à demeure des immigrants français afin d'y assurer dans la Colonie européenne la prédominance de l'élément français, il était inévitable que des conflits se produisissent entre colons et indigènes. Or, c'est l'honneur de la France, dans la solution qu'elle était appelée à donner à ces conflits, de n'avoir jamais sacrifié les intérêts des indigènes à ceux de la colonisation. Si elle a fait de la colonisation, elle n'a jamais fait d'oppression ni de spoliation. A ces conflits, elle s'est toujours efforcée de donner la solution commandée par l'équité. Il suffit, pour s'en convaincre, de se reporter à la série des actes législatifs concernant la propriété foncière en Algérie, dont chacun contient des dispositions destinées à corriger les conséquences regrettables qu'avait entraînées, touchant l'état de la propriété indigène, l'application de l'acte précédent. C'est le Sénatus-Consulte du 22 avril 1863 (1) qui déclare les tribus de l'Algérie propriétaires des territoires dont elles ont la jouissance permanente et traditionnelle, à quelque titre que ce soit. Ce sont les articles 1er, § 3, et 7 de la loi du 26 juillet 1873 (2) qui justifient de la préoccupation, chez le législateur, de maintenir aux indigènes le bénéfice de leurs lois et coutumes dans la mesure où leur application se pouvait concilier avec le nouveau régime foncier, partant, de réduire, dans la mesure du possible, l'étendue du trouble que ne pouvait manquer de jeter, dans l'existence de la population indigène, l'introduction de ce régime nouveau. C'est, enfin, l'article 17 de la loi du 16 février 1897 (3), qui atteste, de la façon la plus

---

(1) *Sénatus-Consulte du 22 avril 1863* : « *Art. 1er*. — Les tribus de l'Algérie sont déclarées propriétaires des territoires dont elles ont la jouissance permanente et traditionnelle à quelque titre que ce soit ».

(2) *Loi du 26 juillet 1873* : « *Art. 1er*, § *3*. — Le droit réel *chefâa* ne pourra être opposé aux acquéreurs qu'à titre de retrait successoral, par les parents successibles, d'après le droit musulman, et dans les conditions prescrites par l'art. 841 du Code civil. »

« La Commission, fidèle au principe de la nouvelle loi, ne croit pas pouvoir abolir le droit de *chefâa* d'une manière aussi radicale, parce qu'un droit analogue, *le retrait successoral*, existe dans la loi française » (Rapport de M. WARNIER).

« *Art. 7*. — Il n'est point dérogé par la présente loi au statut personnel ni aux règles de succession des indigènes entre eux. »

(3) *Loi du 16 février 1897* : « *Art. 17*. — Lorsque le partage ou la licitation d'un immeuble rural, dont la moitié au moins appar-

certaine, la volonté du législateur français d'empêcher que l'extension du régime de la francisation des terres n'aboutisse, chez les indigènes, à la dispersion du patrimoine familial, à la désagrégation de la famille, et finalement à sa ruine.

La France a pu se tromper : elle l'a toujours fait avec la plus entière bonne foi. Beaucoup d'indigènes n'ont vu, dans les dispositions de la loi du 23 mars 1882, par exemple, qu'un ensemble de mesures vexatoires. Il n'est pas douteux, cependant, que le législateur français, en leur imposant un état civil, se proposait de les gratifier d'un appréciable bienfait.

De tels faits ne sont-ils pas de nature à justifier la prudence avec laquelle le Gouvernement français et ceux qui le représentent en Algérie, prennent l'initiative des réformes et à les laver du reproche d'indifférence à l'égard des besoins matériels ou moraux de la population indigène ? Cette prudence n'est-elle pas non seulement justifiée, mais même commandée par la complexité des problèmes et par ce qu'ont souvent de déconcertant, dans leur application, les solutions les mieux étudiées ?

N'est-il pas, dès lors, permis d'hésiter et a-t-on bien le droit de donner à entendre aux indigènes qu'on leur a fait trop attendre des réformes touchant leur situation matérielle et morale, lorsqu'il s'agit de tenter des réformes aussi contraires aux principes fondamentaux de notre droit public, que celle de la naturalisation des indi-

---

tient à des indigènes musulmans, sera demandé, soit par un copropriétaire, soit par le tuteur, curateur ou créancier de l'un des copropriétaires, le tribunal attribuera, si faire se peut en nature, au demandeur une part de l'immeuble représentant ses droits ; si l'immeuble n'est pas commodément partageable, l'art 827 du Code civil ne sera pas applicable. Dans ce cas, le partage sera fait entre familles, et un ou plusieurs copropriétaires de la part affectée à la famille dont fait partie le demandeur auront le choix ou d'accepter la licitation ou de lui payer une somme d'argent représentant la valeur de ses droits sur l'immeuble. A défaut d'entente amiable entre les copropriétaires de la part revenant à une même famille, cette somme sera arbitrée par le tribunal, dont le jugement contiendra condamnation solidaire des défendeurs au paiement de ladite somme avec les intérêts et les frais ».

gènes sans renonciation au statut personnel, — aussi grosses de conséquences économiques et financières, que la réforme de l'impôt indigène s'accomplissant à un moment où rien ne permet encore de prévoir les charges financières auxquelles, à l'issue de la guerre, l'Algérie devra faire face, — ou qui semblent, comme celle ayant pour objet la création, à Paris, d'un Conseil Supérieur de l'Algérie, destinées à préparer la ruine du régime instauré à la suite de la grande enquête sénatoriale de 1891-92, et auquel Jules Ferry a attaché son nom ?

Enfin, est-il sage pour le Parlement, à l'heure actuelle dans la période troublée où nous vivons, et dès avant que n'ait eu lieu l'enquête sénatoriale annoncée, d'aborder l'examen de tels problèmes, alors surtout qu'aucun fait nouveau ne s'est accompli qui soit venu démontrer l'urgence de cet examen ? Serait-il possible d'y apporter toute l'impartialité, toute la sérénité désirables ? Il est permis d'en douter ; et c'est, seulement, parce que tel n'a point été l'avis de la Commission des Affaires étrangères du Sénat et de la Commission des Affaires extérieures de la Chambre, que les signataires du présent exposé ont entrepris leur étude.

Telles sont les objections que les réformes, réclamées sans délai par la lettre de MM. Clémenceau et G. Leygues, soulèvent quant à leur opportunité.

Les étudiant en elles-mêmes, voyons maintenant quelles sont les conséquences que ces réformes accomplies pourraient entraîner. Dans ce but, nous les grouperons en deux séries :

1° Les réformes d'ordre politique et électoral qui, dans la lettre de MM. Clémenceau et G. Leygues, occupent la première place et sont les plus nombreuses ;

2° Les réformes d'ordre économique et financier.

Les Réformes d'ordre politique et électoral

I. — Naturalisation n'impliquant pas la renonciation au statut personnel

La lettre de MM. Clémenceau et G. Leygues annonce un régime nouveau de naturalisation, n'impliquant pas la renonciation au statut personnel ; mais elle ne donne aucune indication relativement à ce que sera ce régime nouveau. Elle est muette, notamment, sur les questions de savoir *à qui* et *dans quelles conditions* sera concédée la nouvelle naturalisation ; de même que, si elle dit bien que cette naturalisation n'impliquera pas renonciation au statut personnel, elle n'en précise pas autrement les effets.

Dès l'instant que les indigènes d'Algérie sont déjà de nationalité française, il ne peut s'agir que d'une naturalisation leur conférant la qualité intégrale de citoyen, c'est-à-dire leur attribuant tous les droits attachés à cette qualité et leur imposant, aussi, toutes les obligations qui en découlent, puisqu'à ces divers points de vue aucune réserve n'est faite.

Mais nous nous refusons à croire qu'il puisse s'agir d'une mesure générale, d'une naturalisation en masse des indigènes de l'Algérie. De même, aussi, pas un instant, la pensée ne nous est venue qu'il pût être question d'une naturalisation octroyée d'office et imposée sans discernement à tous les indigènes, sans distinction, ayant participé aux hostilités sur le territoire français.

Il ne peut s'agir, selon toute vraisemblance, que d'une

naturalisation accordée, comme celle prévue par le Sénatus-Consulte de 1865, sur demande, à des indigènes désireux de l'obtenir et jugés dignes du titre de citoyen, mais rendue plus accessible par la simplification des formalités et surtout par la suppression d'une condition à laquelle, jusqu'alors, avait été subordonnée l'obtention de la qualité de citoyen : la renonciation au statut personnel musulman.

Qu'il soit équitable de faire disparaître les formalités auxquelles le Sénatus-Consulte de 1865 a subordonné l'octroi de naturalisation, formalités jugées rebutantes par les indigènes et de nature à les détourner de la naturalisation, nous n'y contredirons pas ; mais que l'on aille jusqu'à tolérer que l'indigène puisse devenir citoyen français tout en conservant son statut personnel, c'est ce dont il est permis de s'étonner. Nous ne voulons pas insister sur ce qu'a de contraire aux principes fondamentaux de notre droit public, ainsi qu'on l'a fait observer déjà pour les indigènes du Sénégal et de l'Inde, l'attribution de la qualité de citoyen français à des personnes dont le statut personnel n'est pas le statut français. Nous ferons seulement remarquer ce qu'a de choquant le fait de permettre à un citoyen français de conserver un statut personnel qui l'autorise à contraindre au mariage sa fille non nubile ou à répudier arbitrairement sa femme, en même temps qu'il lui interdit de donner sa fille en mariage à un non musulman (Guelma, 23 janvier 1907 ; *J. de Robe*, 1907, p. 148), à un français d'origine par exemple, qu'il écarte de sa succession toute personne qui ne serait pas musulmane (Cassation, 22 mai 1905 ; *Revue Algérienne*, 1907, 2. 180), telle que sa veuve française d'origine (1), et qu'il

(1) Il ne faut pas s'y méprendre : le maintien du statut personnel musulman entraînera celui du statut successoral. Pour les musulmans, en effet, le statut successoral n'est qu'une branche du statut personnel ; et, à ce statut successoral, ils sont aussi profondément attachés qu'au statut personnel proprement dit. On l'a bien vu, il y a quelques années, aux protestations qui se sont

défend qu'à cette même veuve, puisse être confiée la tutelle de ses enfants mineurs !

Mais il convient surtout de constater que la faveur ainsi faite à l'indigène irait certainement à l'encontre du but très louable poursuivi par les honorables membres des Commissions du Sénat et de la Chambre des Députés.

Quels sont, en effet, les indigènes qui viendront solliciter la nouvelle naturalisation ? Sont-ce les indigènes des communes mixtes et indigènes, qui constituent, en somme, la grande masse de la population indigène, puisque, sur les 4.740.526 indigènes que comptait l'Algérie en 1911, 3.665.927 vivaient en commune mixte ou indigène ? On en peut douter, car ces indigènes n'ont jamais, encore, exercé le droit de suffrage, n'ont jamais manifesté le désir d'acquérir la qualité de citoyen, et ne se doutent même pas, pour la plupart, de ce que peut être cette qualité. Ceux qui, en réalité, réclameront la qualité de citoyen, ce seront uniquement des indigènes citadins des communes de plein exercice, parce que ce sont les seuls qui sachent ce qu'est cette qualité, quels avantages elle est susceptible de procurer, quels profits on peut en attendre ; et parmi ces indigènes, et au premier rang, seront les fonctionnaires ou d'anciens élèves de l'Université d'Alger ou des médersas, ceux-là même qui se qualifient de « jeunes algériens ».

Or, quel est le contingent que ces citadins et ces « jeunes algériens » ont fourni aux engagements ? Il est infime, presque dérisoire. Pour les élèves ou anciens élèves de l'Université d'Alger, des lycées et collèges, des médersas, des établissements d'enseignement primaire, par exemple, il est inférieur à cent. Encore est-il bon de remarquer que ceux qui se sont engagés, « ceux qui ont

---

produites quand il a été proposé, pour éviter les complications qu'eût entraînées le maintien du statut successoral musulman, de ne rendre accessible le régime de l'immatriculation des terres qu'aux indigènes qui auraient préalablement renoncé à ce statut.

fait leur devoir, lisons-nous dans un document officiel, sont tous fils de soldats, officiers ou anciens officiers, et tous des garçons que leurs goûts ou leurs aptitudes n'ont pas laissé achever leurs études, qui n'ont pas pu prendre de diplômes. Les autres n'ont pas donné l'exemple utile. Après avoir profité des faveurs de la France, ils ne sont pas venus à son secours ».

Il y a lieu de constater, en outre, que, parmi ces « jeunes algériens », beaucoup doivent à la guerre une amélioration de leur condition. Non seulement, en effet, la guerre n'a point interrompu leurs études, mais elle a permis à nombre d'entre eux de remplir des fonctions ou d'occuper des emplois devenus vacants, par suite du départ pour l'armée des Français citoyens qui les occupaient.

C'est ainsi que, depuis 1914, une vingtaine de jeunes indigènes, dont la plupart bénéficient de bourses pour continuer leurs études aux Facultés, ont été nommés surveillants d'internat dans les lycées et collèges. De même, nombreux sont les indigènes, ayant reçu une instruction primaire française, qui ont été employés depuis le début de la guerre par les municipalités et dans les services publics, notamment dans les services de transports en commun (1). Ces indigènes, qui sont tous des hommes jeunes, sont venus prendre la place de citoyens français mobilisés et sont redevables à la guerre d'une amélioration notable de leur situation.

En sorte que si cette naturalisation nouvelle est une manifestation de la reconnaissance du pays pour ceux qui, volontairement, spontanément, sont accourus pour le défendre, il faut bien convenir que ceux qui en recueilleront le bénéfice ne sont pas précisément ceux qui se sont acquis des titres particuliers à cette reconnaissance.

---

(1) On est frappé, depuis le début de la guerre, du grand nombre d'indigènes employés sur les lignes de tramways ; dans une seule Compagnie, 96 indigènes ont déjà remplacé des citoyens français mobilisés.

Mais il y a plus : ces citadins, ces « jeunes algériens », sont en somme, parmi les indigènes, ceux qui, intellectuellement et même socialement, sont les moins éloignés de nous, et, pour ce motif, ce sont ceux qui ont le plus facilement accès auprès de nous. Dès lors, le jour où le nombre des musulmans citoyens aura été notablement accru, ce sont eux vraisemblablement, parce que jouissant auprès de nous de plus de crédit, que leurs coreligionnaires investiront du mandat de défendre leurs intérêts dans les assemblées politiques.

Or, ces musulmans cultivés et lettrés, on a pu dire d'eux que, de tous les indigènes, c'étaient ceux qui nous aimaient le moins. Il y a peut-être dans cette manière de voir quelque exagération. Il est cependant certain que, parmi ces « jeunes algériens » à qui nous avons dispensé, non seulement l'instruction primaire, mais aussi l'instruction secondaire et même l'instruction supérieure, il en est qui n'ont pas retiré de leurs efforts tous les profits qu'ils en avaient escomptés, dont les ambitions exagérées n'ont pas été assouvies et qui nous ont gardé rancune de leurs déceptions. Il faut convenir, d'ailleurs, que, souvent, nous avons eu le tort d'encourager ces espérances excessives, puis, les déceptions venues, de témoigner de celles-ci une surprise qui a pu paraître blessante. Toujours est-il que nous avons pu conquérir les intelligences, nous n'avons pas conquis les cœurs ; et, sans aller jusqu'à dire avec l'un de ceux qui les connaissent le mieux, que les musulmans instruits « sont ceux qui sont le plus éloignés de nous » (1), il faut bien reconnaître que beaucoup témoignent, à notre égard, d'une médiocre sympathie. Mais cette situation, due à des malentendus passagers, à des déceptions dont l'amertume était appelée à s'atténuer avec le temps, n'avait rien, certainement, qui fut irréparable.

(1) DOUTTÉ : « Questions diplomatiques et coloniales », 1er novembre 1901, p. 545.

Est-il, dans ces conditions, bien politique, en leur offrant une naturalisation qui leur permettrait de conserver leur statut personel, de rendre, au contraire, cet éloignement définitif ? Car, c'est là le résultat auquel, fatalement, l'on aboutira et que n'avaient certes pas envisagé même ceux qui, en France, demandaient avec Waldeck-Rousseau que l'on se bornât à favoriser « l'évolution des indigènes dans leur civilisation », qui se refusaient simplement à croire à une assimilation complète et prochaine mais à qui n'eut point répugné cette assimilation et qui se seraient bien gardés de faire quoi que ce soit qui fût de nature à la retarder ou à l'entraver.

Ce n'est point, en effet, quoi qu'on en ait dit, la religion qui constitue le grand obstacle à l'assimilation des indigènes. Les dogmes fondamentaux de l'Islam n'ont rien d'inconciliable avec notre organisation politique ou sociale. Le véritable obstacle, il est justement dans ce statut personnel que l'on va permettre à l'indigène citoyen de conserver. Ce à quoi l'indigène ne veut pas renoncer, c'est à sa conception du mariage, c'est à la répudiation, c'est à la polygamie, c'est à l'infériorité de la femme en matière successorale et c'est au droit qu'il a de reléguer celle-ci au gynécée. Et, s'il ne veut pas y renoncer, ce n'est pas uniquement, comme on le dit quelquefois, parce qu'il hésite à enfreindre sa loi religieuse et qu'il répugne au sacrilège, — puisqu'il ne craint point d'éluder cette loi quand elle le gêne (l'institution du habous, notamment, n'a pas d'autre raison d'être à l'heure actuelle) ; puisque le kabyle, pour qui toutes ces institutions sont d'origine coutumière et non point religieuse, n'a pas manifesté plus d'empressement que l'arabe pour la naturalisation du Sénatus-Consulte de 1865 ; — s'il ne veut pas y renoncer, c'est surtout parce qu'il lui faudrait abdiquer sa supériorité de mâle, s'imposer un sacrifice dans lequel il voit une véritable déchéance.

Dès lors, si l'on autorise l'indigène à réclamer la qualité de citoyen, sans exiger qu'il renonce à tout ce qui l'éloigne de nous, il ne faut plus compter que jamais il s'en rapproche. A quoi bon ce rapprochement, s'il lui est permis d'en recueillir tous les bénéfices, sans s'imposer les sacrifices qu'il eût exigés ? Il ne s'agit plus, alors, d'une mesure favorisant cette évolution en dehors de notre civilisation ; — tandis qu'il y avait tout lieu d'espérer que ces indigènes, instruits par nous et dont le nombre se serait accru progressivement chaque année, — grâce aux sacrifices toujours plus grands faits par l'Algérie dans l'intérêt de l'enseignement, — parvenus, avec le temps, à une conception plus exacte des réalités, assagis dans leurs ambitions et résignés à des situations en rapport avec leurs véritables aptitudes et les services qu'ils sont en situation de rendre, se seraient ralliés à nous en plus grand nombre, mais, alors, entièrement et définitivement.

Enfin, il est certaines conséquences de la réforme projetée que, peut-être, l'on n'a point aperçues et sur lesquelles, cependant, il n'est point inutile d'attirer l'attention. Si les musulmans constituent en Algérie la grande masse des indigènes, ce ne sont pas les seuls indigènes. Il est, en petit nombre il est vrai, mais il est également encore des indigènes israélites. A ces israélites, on ne pourra dénier le droit de devenir citoyens tout en conservant le statut hébraïque. Et que répondre alors à ceux des israélites algériens devenus citoyens français de par le décret Crémieux, qui ainsi que l'attestent un jugement du Tribunal de Bône du 4 février 1906 et un arrêt de la Cour d'Alger du 9 avril 1908 (1), sont restés profondément attachés à leur ancien statut personnel et viendraient demander à être, tout en demeurant citoyens français, rétablis dans cet ancien statut ?

---

(1) *Revue Algérienne* 1910, 2, 51.

II. — Extension du Corps électoral indigène

—

Nous n'avons aucune objection de principe à formuler contre cette proposition. Nous avons toujours considéré que, dans la mesure où la souveraineté française n'en subirait aucune atteinte, les indigènes devraient être admis progressivement à participer, en nombre de plus en plus grand et d'une façon de plus en plus large, à la gestion des affaires publiques en Algérie. C'est ainsi que nous ne verrions point d'inconvénient à ce que, dès maintenant, pour la désignation des représentants des indigènes dans les Conseils Généraux, le droit de vote fût reconnu, aussi bien en commune mixte qu'en commune de plein exercice, à tous ceux que le décret du 13 janvier 1914 a admis à participer à l'élection des Conseillers municipaux indigènes.

Nous ne verrions pas davantage d'inconvénient à ce que, dès maintenant, aux Délégations financières, les délégués du territoire civil fussent, dans chaque département et y compris, pour celui d'Alger, l'arrondissement de Tizi-Ouzou, élus par un collège composé des conseillers municipaux au titre indigène des communes de plein exercice et des membres indigènes de droit ou élus (ainsi qu'il sera dit ci-dessous) des Commissions municipales des communes mixtes.

Nous ne voyons pas, toutefois, qu'il y ait lieu, pour l'instant, d'accroître, en commune de plein exercice, le nombre des électeurs appelés à élire les Conseillers municipaux indigènes. Ce nombre vient d'être notablement accru par un décret du 13 janvier 1914, dont la guerre a suspendu l'application. La sagesse la plus élémentaire commande d'attendre, pour modifier les dispositions de ce décret, qu'on ait pu les juger sur leurs résultats (1).

Nous ajouterons d'ailleurs qu'il est une réforme autrement urgente que celle de l'extension du corps électoral indigène, c'est la création de ce corps électoral, là où il n'existe pas : en commune mixte.

Sur les 4.059.454 indigènes du territoire civil, 2.984.855 vivent en commune mixte (2). Sur les 1.298.529 hectares de terres en culture appartenant aux indigènes du territoire civil (3), la majeure partie se trouve être entre les mains des indigènes des communes mixtes. Sur les 9.019.340 têtes de bétail (espèce bovine, ovine et caprine) appartenant aux indigènes du territoire civil (4), les indigènes des communes mixtes en possèdent la presque totalité.

Et, cependant, ces indigènes des communes mixtes ne participent, aujourd'hui encore, en aucune manière, à la gestion de leurs intérêts collectifs ; pour eux, il n'est point de vie publique, il n'est même pas de vie municipale. Ils n'ont point de représentants élus dans la Commission municipale ; ils n'en ont pas davantage dans les *djemâas* des douars-communes (lesquels douars, cependant, sont, en commune mixte, plus et mieux que de simples sections de communes, constituent de véritables unités administratives), — puisque, dans ces djemâas, comme dans ces Commissions municipales, les seuls indigènes admis à siéger sont des fonctionnaires nommés par l'Administration.

Pourquoi ne pas admettre, par exemple, que le nombre de leurs membres variant avec le chiffre de la population

---

(1) Si l'on estimait qu'il est indispensable, dans les circonstances actuelles, de donner aux indigènes des communes de plein exercice un témoignage de sollicitude, la réforme la plus indiquée consisterait peut-être à faire des douars de communes de plein exercice, qui ne sont que des sections de commune, des douars-communes, comme dans les communes mixtes, c'est-à-dire de véritables unités administratives.

(2, 3 et 4) Statistique générale de l'Algérie, année 1912.

du douar, les *djemâas* des douars-communes seront élues par un collège constitué conformément aux dispositions du décret du 13 janvier 1914 ? Pourquoi ne pas admettre, aussi, que ces *djemâas* seront représentées au sein de la Commission municipale qui, outre les adjoints indigènes, membres de droit, comprendrait des délégués élus par les *djemâas*, dont le nombre, pour chacune d'elles, serait fixé d'après l'importance du nombre de ses membres ?

Les indigènes des communes mixtes n'ont-ils pas, tout comme les autres, droit à la sollicitude des pouvoirs publics ?

Or, toutes les fois que des libertés nouvelles ont été concédées aux indigènes, les indigènes des communes de plein exercice ont été seuls appelés à bénéficier de ces concessions.

Peut-être avaient-ils été seuls à désirer ces libertés nouvelles, et, seuls, à les réclamer des pouvoirs publics. Et, d'autre part, il faut bien reconnaître que, de tous les indigènes, ce sont les plus aptes à faire, de ces libertés et du droit de suffrage, le meilleur usage. Il n'en est pas moins vrai qu'en négligeant l'éducation politique des *fellahs*, c'est-à-dire de la masse, tout en préparant et en favorisant l'émancipation politique d'une minorité dont les intérêts sont autres que ceux de cette masse et qui ne saurait avoir la prétention de représenter celle-ci, on risque d'introduire une nouvelle cause de désunion, de déséquilibre au sein de la société indigène et d'ajouter un nouveau péril social à côté de celui résultant, déjà, de l'absence, à peu près complète, de classes moyennes au sein de cette société.

III. — Règles nouvelles précisant et garantissant efficacement les droits de la représentation indigène aux Délégations Financières, dans les Conseils Généraux et les Conseils Municipaux, en ce qui concerne la répartition des dépenses du budget colonial et des budgets locaux et le contrôle de leur emploi.

En conséquence, incompatibilité des fonctions administratives avec les fonctions électives ; participation des Conseillers Municipaux indigènes à l'élection des Maires.

—

S'il était démontré que la population indigène ne retire pas des dépenses publiques un profit en rapport avec les charges qu'entraîne pour elle l'acquittement de ces dépenses, il serait parfaitement équitable que des efforts, en vue d'un redressement, fussent tentés.

Nous éprouvons, toutefois, quelque scepticisme à l'égard de l'efficacité des mesures proposées dans la lettre de MM. Clémenceau et G. Leygues, et nous sommes bien obligés de reconnaître que ces mesures sont impolitiques au premier chef.

A) Incompatibilité des fonctions administratives avec les fonctions électives

Cette mesure, désirable en soi, ne paraît pas susceptible d'une application immédiate ; elle serait mal interprétée à l'heure actuelle, tant par les chefs indigènes que par leurs administrés. Ceux-ci étant habitués à voir dans leurs chefs les représentants de l'autorité suprême, ce sont ces chefs, qui ont accès auprès de l'autorité suprême, que, tout naturellement, ils chargent du soin de défendre leurs intérêts auprès de cette autorité. Il faut bien reconnaître, aussi, qu'à l'heure actuelle, dans la plupart des régions de l'Algérie, on ne voit pas trop, en dehors des chefs, sur qui (s'agissant de l'élection de représentants aux Délégations financières ou dans les Conseils généraux) pourrait bien se porter le vote des électeurs indigènes. Ces chefs ne sont pas seulement les plus qualifiés, — à raison de la longue pratique qu'ils ont des affaires administratives, — pour représenter dans les Assemblées les indigènes ; on peut aller jusqu'à dire que ce sont les seuls qualifiés. Aussi, dans une réforme destinée à assurer l'indépendance de leurs élus, peut-être les indigènes ne verront-ils qu'une mesure vexatoire destinée à les contraindre à ne donner leurs suffrages qu'à des mandataires sans influence et sans crédit.

D'autre part, cette mesure humiliera profondément ceux qui en seront l'objet. Ils y verront une sorte de déchéance imméritée ; car, beaucoup de ces fonctionnaires indigènes appartiennent à des familles qui sont parmi les premières à s'être ralliées à nous, qui ont donné à la France des preuves de dévouement nombreuses et non équivoques ; et ils ne manqueront pas de se demander pourquoi la France a choisi, pour les déclarer indignes de remplir des mandats dont ils étaient fiers, le moment précis où presque tous ont envoyé librement, spontanément, leurs enfants, en état de porter les armes, faire à la cause française, sur les champs de bataille d'Europe, le sacrifice de leurs vies.

A supposer, enfin, que le régime actuel ait les inconvénients qu'on lui prête, est-il besoin, pour les supprimer, de recourir à une mesure dont les indigènes, qui en méconnaîtront le véritable caractère, ne nous sauront aucun gré ? Non, semble-t-il, puisque, par suite de l'extension prochaine du corps électoral, le nombre des éligibles va se trouver singulièrement accru, en même temps que l'influence de l'Administration sur ce corps électoral, va se trouver sensiblement amoindrie.

B) Participation des conseillers municipaux à l'élection des maires

Ce n'est pas sans quelque étonnement que nous avons vu reprendre par les honorables parlementaires une proposition que nous avions tout lieu de croire abandonnée depuis longtemps, et cela sous les coups des critiques de juristes et de publicistes dont les sympathies pour les indigènes sont notoires.

Ces critiques peuvent être ainsi résumées : le Maire n'est pas seulement le représentant des intérêts municipaux, il est agent du pouvoir central et, à ce titre, il a des attributions politiques. On ne saurait, dès lors, concevoir que le droit de participer à son élection puisse être concédé à des électeurs n'ayant pas la jouissance de tous les droits politiques. D'ailleurs, si les indigènes tiennent à participer à la nomination du Maire par l'intermédiaire de leurs élus, ils ont toute facilité pour cela : il leur suffira d'élire, pour les représenter au Conseil municipal, des indigènes citoyens, ou des citoyens non-indigènes.

Ces considérations n'ont, à l'heure actuelle, rien perdu de leur valeur ; aussi, en les rappelant sommairement, nous bornerons-nous à faire observer qu'un événement récent a fourni un argument nouveau aux adversaires de la participation des Conseillers indigènes à l'élection des Maires. Aux termes de l'article 1er du décret du 13 janvier 1914, le nombre des Conseillers municipaux indigènes peut s'élever jusqu'au tiers de l'effectif total du Conseil. Il n'est pas douteux que, dans les communes où le nombre des Conseillers indigènes atteindra le tiers de l'effectif total du Conseil, l'élection du Maire sera entre les mains des Conseillers indigènes (1). Si les indigènes sont unis (et ils le seront, nécessairement, à raison de leur communauté d'origine et de religion), le Maire ne

(1) Lorsque le décret du 13 janvier 1914 aura reçu application, dans les villes où le nombre des conseillers indigènes s'élèvera au tiers de l'effectif total du Conseil — soit aux 2/6 de cet effectif — il suffira à un sixième du Conseil, plus un, pris parmi les mem-

pourra être élu ou, tout au moins, se maintenir à la tête de la Municipalité, qu'avec l'appoint de leurs voix ; il sera le prisonnier d'une minorité indigène. L'insistance des Conseillers municipaux indigènes de certaines villes, pour obtenir cette participation à l'élection du Maire, montre bien, d'ailleurs, tout le parti qu'ils espèrent tirer de cette réforme.

Nous en appelons au témoignage de tous ceux qui ont appartenu à des Assemblées politiques dont les chefs ont eu à compter avec une minorité compacte et disciplinée, et nous leur demandons s'il est possible au Président d'une telle Assemblée de conserver, en pareille occurence, sa liberté et, par suite, sa dignité ?

Qui oserait prétendre, dans ces conditions, qu'il s'agisse bien là d'une de ces réformes « compatibles avec la souveraineté française », les seules dont l'ordre du jour de la Chambre des Députés du 9 février 1914 ait réclamé la prompte réalisation ?

---

bres français, de s'adjoindre aux deux sixièmes de conseillers indigènes pour faire l'élection du Maire.

Celui-ci sera donc bien l'élu des Conseillers indigènes et la majorité française aura été impuissante à désigner son Maire.

Cette situation sera d'autant plus choquante que, dans la plupart des villes, d'une certaine importance, la part des taxes communales supportées par les européens est de beaucoup supérieure à celle acquittée par les indigènes. A Alger, par exemple, qui comptait au recensement de 1911 : 124.505 européens et 37.821 indigènes, les impôts communaux (loyers, prestations, chiens, balayage) payés par les européens s'élevaient, en 1912, à 1.168.956 francs et ceux soldés par les indigènes à 44.760 francs seulement.

De même, en ce qui concerne la contribution foncière bâtie et les patentes (qui sont des impôts principalement urbains), en se basant sur les proportions résultant du dépouillement des rôles effectué en 1895, on trouve, en 1911, les chiffres suivants pour l'ensemble du département d'Alger :

Contribution foncière bâtie. — Total en 1911 : 3.138.189 francs :

Part payée par les Européens....	2.659.295 fr.,	soit	85 %
— — Indigènes.....	478.894 »	»	15 %

Contribution des patentes. — Total en 1911 : 2.052.404 francs :

Part payée par les Européens....	1.786.812 fr.,	soit	87 %
— — Indigènes.....	265.592 »	»	13 %

Si l'on pouvait opérer la même discrimination pour les seules villes de quelque importance, on trouverait une différence encore plus accentuée entre la part payée par les Européens et celle payée par les Indigènes.

IV. — Création d'un Conseil Supérieur à Paris

Il résulte de la lettre de MM. Clémenceau et G. Leygues : 1° que ce Conseil comprendra des membres indigènes élus ; 2° que ce Conseil est destiné à renforcer le contrôle administratif et politique de l'Algérie ; 3° qu'il siégera à Paris.

Pour le surplus, étant donné le laconisme de cette lettre, nous en sommes réduits aux hypothèses.

Tout d'abord, quel collège électoral aura mission d'élire les délégués indigènes à ce Conseil supérieur ? — Ce ne sont point, évidemment, les seuls indigènes des villes qui constituent une infime minorité. Or, en dehors de ces indigènes des villes, on ne voit pas quels autres indigènes se trouveront préparés pour procéder à de semblables désignations.

Puis, ce Conseil sera-t-il un organe de contrôle ?

Mais alors, qui contrôlera-t-il ? — Ce n'est pas le Gouvernement qui n'est responsable que devant le Parlement. Ce n'est pas l'Administration algérienne, qui ne saurait être contrôlée que par le Gouvernement, placé lui-même sous le contrôle du Parlement.

S'agit-il, simplement, de faire de ce Conseil l'auxiliaire du Gouvernement dans l'accomplissement de sa mission de contrôle de l'Administration algérienne, de rendre, par le moyen de ce Conseil, ce contrôle plus effectif ? — Mais c'est alors à des agents spéciaux, analogues aux inspecteurs des colonies, à des agents responsables, que le Gouvernement devrait faire appel, et non pas à un Conseil dont certains membres tout au moins, tels que les indigènes, seraient élus, partant sans responsabilité.

S'agit-il, alors, d'un Conseil dont les attributions seraient purement consultatives, au sein duquel les indigènes seraient appelés à faire connaître, par l'intermédiaire de délégués, leurs sentiments sur les différentes questions d'ordre politique ou administratif intéressant l'Algérie, d'une sorte de *Section permanente du Conseil Supérieur des Colonies ?* — Même, alors, nous n'apercevons pas l'utilité de la création proposée.

S'agit-il, en effet, de questions dont la solution appartient au Gouvernement ou au Parlement ? — Il va de soi que cette solution n'interviendra pas sans que l'avis émis par ce *Conseil Supérieur* ait été soumis, pour observations, au Gouverneur Général de l'Algérie et au Conseil de Gouvernement siégeant à Alger.

S'agit-il, au contraire, de questions laissées à la décision du Gouverneur Général ? — Mais, alors, le Conseil de Gouvernement siégeant à Alger est autrement qualifié qu'un Conseil siégeant à Paris, pour donner au Gouverneur les avis éclairés dont il pourrait avoir besoin.

Et, dans ce cas comme dans l'autre, quel retard dans l'expédition des affaires ! Retard qu'aucun avantage ne viendrait compenser, puisqu'il apparaît manifestement que le Conseil à créer ferait double emploi avec le Conseil de Gouvernement.

Soit, dira-t-on, mais dans ce Conseil de Gouvernement les indigènes n'ont point de représentants.

Mais, pourquoi ne leur en donnerait-on pas ?

Ce serait, à la vérité, une réforme d'apparence bien modeste et susceptible de se réaliser sans fracas. Mais, outre qu'elle ne soulèverait point d'objection sérieuse et qu'elle donnerait toute satisfaction aux intérêts que l'on se propose de sauvegarder, elle aurait le grand avantage d'entraîner l'abandon d'un projet dans l'adoption duquel, sans être mal intentionné, il serait permis de voir l'annonce d'un retour au régime des rattachements et le premier coup porté à l'œuvre de la grande Commission sénatoriale d'enquête de 1891-92.

Les Réformes d'ordre économique et financier

I. — Garanties nouvelles à accorder à la propriété indigène

Il ne peut s'agir, évidemment, dans l'esprit des membres des commissions parlementaires de qui la lettre de MM. Clémenceau et G. Leygues a exprimé les desiderata, de concéder à la propriété indigène une protection dont, seule, jusqu'ici, aurait bénéficié la propriété française. L'indigène, en effet, dont la terre est placée sous le statut musulman, tient, tant de la loi musulmane que de la législation française spéciale à l'Algérie, des garanties identiques à celles qui appartiennent au propriétaire français ou européen. Il ne peut pas être dépouillé de sa propriété plus aisément que ne saurait l'être le propriétaire français ou européen. Menacé dans sa propriété ou troublé dans sa jouissance, il a aussi facilement accès que le propriétaire français ou européen au prétoire de nos tribunaux.

D'ailleurs, si la propriété indigène avait besoin de garanties nouvelles, de garanties dont, à l'heure actuelle, seule bénéficierait la propriété française, l'indigène aurait, dès maintenant, toute facilité pour s'assurer les garanties qui lui feraient défaut : il lui suffirait, ce qu'il a toujours le droit de faire, de recourir à la procédure d'enquête partielle et de requérir pour sa terre la francisation.

Cette procédure de francisation, il est vrai, a paru à certains trop lente et trop coûteuse. Mais ce sont là défectuosités auxquelles il est facile d'obvier sans toucher aux principes même de la législation, auxquelles les Assemblées algériennes se sont attachées à remédier par le vote des crédits nécessaires, et dont d'ailleurs les Européens ont à se plaindre aussi bien que les indigènes.

Donc, pour la propriété indigène, et pour la propriété française, identité de garanties légales et identité de garanties judiciaires.

Toutefois, et c'est là, sans doute, ce à quoi la lettre sus-visée entend faire allusion, l'on s'est plaint, à différentes reprises, de la persistance de l'indivision chez les indigènes. A l'inverse, l'on a déploré les ruines causées, chez eux, par l'abus des partages et des licitations. Mais si les indigènes vivent ainsi dans l'indivision, ce n'est pas que leur loi la leur impose ; cette loi, par certaines entraves à la faculté d'effectuer le partage, s'est bien préoccupée d'empêcher les partages inconsidérés ; mais il n'en reste pas moins qu'en droit musulman comme en droit français, il est de règle que : *nul n'est tenu de rester dans l'indivision*. La vérité, c'est que, pour beaucoup d'indigènes, l'indivision est une nécessité, elle leur est imposée par la médiocrité du rendement de leurs terres et l'insuffisance de leur cheptel et de leur matériel d'exploitation. Et si, par contre, l'on a pu constater en certaines régions de l'Algérie, dans les années qui ont suivi l'entrée en vigueur de la loi du 26 juillet 1873, les conséquences regrettables qu'a eues, sur l'état de la propriété indigène, l'application pure et simple de nos lois sur la procédure du partage et de la licitation, les abus signalés ont été rendus à peu près impossibles par les articles 16 et 17 de la loi du 28 avril 1887 et l'article 17 de la loi du 16 février 1897 (1).

L'on s'est plaint, encore fréquemment, dans ces dernières années, d'accaparements de terres réalisés, non

(1) *Loi du 28 avril 1887 :* « *Art. 16.* — Toute action en partage ou en licitation devra, à peine d'une amende de 100 francs contre l'officier ministériel qui l'aura introduite et à tous dommages-

seulement par des européens, mais aussi par des indigènes, et rendus possibles tant par les conditions dans lesquelles se pratique le nantissement immobilier, « la Rahnia », que par le peu d'attachement des indigènes à leurs terres et la facilité avec laquelle ils vendent celles dont ils ont la libre disposition.

Mais, est-ce bien dans une modification du régime légal de la propriété indigène que réside le remède à cette situation ? Est-il possible d'attendre une amélioration de cette situation de la création de nouveaux cas d'insaisissabilité ou de nouvelles prohibitions d'aliéner, — de l'extension aux indigènes des dispositions des décrets du 31 janvier et du 15 septembre 1915, sur la constitution *d'un bien de famille insaisissable*, par exemple, — ou du rétablissement intégral de l'institution du *habous*?

---

intérêts, être précédée de la nomination d'un représentant unique des défendeurs indigènes, à l'encontre duquel la procédure sera valablement suivie ».

« *Art. 17.* — Il n'y aura de même qu'un seul défenseur ou avoué pour tous les défendeurs indigènes à moins que dans le cours de la procédure il ne surgisse des incidents qui, en raison des oppositions d'intérêts, rendraient nécessaire la constitution d'autres officiers ministériels et la désignation d'un représentant spécial pour chaque groupe ayant le même intérêt. Le tribunal, lorsqu'il reconnaîtra cette nécessité, renverra les parties devant le juge de paix qui statuera sur le vu d'une simple expédition du jugement et dans la forme de l'article 16 ci-dessus. »

Loi du 16 février 1897 : « *Art. 17.* — Lorsque le partage ou la licitation d'un immeuble rural, dont la moitié au moins appartient à des indigènes musulmans, sera demandé soit par un copropriétaire, soit par le tuteur, curateur ou créancier de l'un des copropriétaires, le tribunal attribuera, si faire se peut en nature, au demandeur une part de l'immeuble représentant ses droits ; si l'immeuble n'est pas commodément partageable, l'art. 827 du Code civil ne sera pas applicable. Dans ce cas, le partage sera fait entre familles et un ou plusieurs copropriétaires de la part affectée à la famille dont fait partie le demandeur auront le choix ou d'accepter la licitation ou de lui payer une somme d'argent représentant la valeur de ses droits sur l'immeuble. A défaut d'entente amiable entre les copropriétaires de la part revenant à une même famille, cette somme sera arbitrée par le tribunal, dont le jugement contiendra condamnation solidaire des défendeurs au paiement de ladite somme avec les intérêts et les frais ».

Nous avons peine à le croire. Si, en effet, l'indigène donne en nantissement à son créancier une terre dont la valeur dépasse de beaucoup le montant de sa dette, s'il l'autorise à jouir de cette terre et s'abstient d'exiger de lui qu'il impute la valeur des fruits qu'il a perçus sur les accessoires d'abord, puis sur le principal de sa créance, ce n'est pas (ainsi que la démonstration en a été faite à la Commission de codification du droit musulman algérien) parce que sa loi l'y oblige ; c'est parce que, fataliste, il est toujours convaincu qu'avec l'aide d'Allah, il parviendra à se libérer rapidement, si usuraires qu'aient été les conditions acceptées par lui ; c'est, aussi, parce qu'à raison du peu d'abondance des capitaux recherchant les placements indigènes, il lui faut subir la loi de ceux qui pratiquent ce genre de placements.

De même, si l'indigène se dépouille aussi aisément de sa terre, ce n'est point parce que sa loi se serait montrée particulièrement large et tolérante dans la détermination, soit des conditions auxquelles elle a subordonné la capacité d'aliéner, soit des formalités auxquelles elle a soumis la conclusion de l'acte d'aliénation ; c'est parce que l'indigène ne résiste pas à la fascination qu'exercent sur lui la hausse du prix de la terre et l'offre d'un prix payé comptant ; parce qu'il ne se rend pas compte de la valeur de l'argent, qu'il est insouciant, imprévoyant et n'envisage que le gain immédiat, sans se préoccuper de ce que les conditions de l'existence pourront être, pour lui, le lendemain.

En sorte qu'il s'agit de protéger l'indigène, non pas tant contre les imperfections de la loi qui régit sa terre, que contre les imperfections de sa propre nature, et, aussi de le mieux armer dans sa lutte contre les difficultés d'existence avec lesquelles il est aux prises et que lui crée son milieu. Les causes du mal signalé sont donc, avant tout, d'ordre moral, économique et social. Aussi, n'est-ce pas dans des réformes d'ordre strictement juridiques qui, vraisemblablement, n'amélioreraient en rien la situation de l'indigène aux divers points de vue qui viennent d'être indiqués, que doit être cherché le remède à cette situation. Ce n'est pas, en effet, en autorisant l'indigène à recourir à la constitution d'un bien de famille insaisissable, constitution qu'avec son imprévoyance et sa versatilité habituelles, il s'efforcerait le plus souvent, aussitôt après l'avoir réalisée, d'anéantir par une aliénation ou une renonciation, qu'on le défendra contre l'usure (1). De même, ce n'est pas en lui permettant de rendre son patrimoine inaliénable et insaisissable par le moyen du *habous*, qu'on le mettra à l'abri de la ruine. Cette inaliénabilité et cette insaisissabilité complètes, absolues, n'ont jamais existé en pays musulman et ne pouvaient, d'ailleurs, exister qu'à l'état de pure théorie ; et la pratique du habous, outre qu'elle a frappé la terre de dépréciation, n'a jamais empêché la ruine des bénéficiaires, pas plus que, dans notre ancienne France, la pratique des substitutions n'avait empêché la noblesse de s'endetter et de s'appauvrir.

En un mot, il s'agit de protéger l'indigène, non contre sa législation, mais contre lui-même et contre le milieu social et économique dans lequel il vit. Et ce n'est que par des réformes réalisées dans l'ordre moral, dans l'ordre social et dans l'ordre économique que cette protection pourra être assurée.

A l'indolence de l'indigène, substituer le goût du travail ; à son imprévoyance, substituer des habitudes d'ordre et d'économie ; à sa résignation à l'exploitation traditionnelle des usuriers, substituer le désir de s'affranchir de cette exploitation et le sentiment qu'il y peut parvenir ; telles sont les réformes véritablement fécondes qu'il importe d'accomplir.

---

(1) En France, d'ailleurs, cette institution, « malgré les efforts des Pouvoirs publics, est restée à peu près ignorée » (PERREAU : *Cours d'Economie politique*, t. II, n° 670. — Paris, 1916).

Pour ce qui est de la dernière de ces réformes, elle trouvera sa réalisation dans une extension de plus en plus grande donnée aux institutions de prévoyance et d'assistance mutuelle. Quant aux premières, il nous apparaît qu'on pourrait aisément les accomplir :

1° En répandant de plus en plus chez les indigènes la connaissance de la langue française, afin de leur permettre de pénétrer davantage dans notre vie et de la mieux comprendre ; d'une manière générale, en développant de plus en plus l'enseignement des indigènes ; mais en l'organisant d'après des méthodes et des programmes très souples, susceptibles de s'adapter aux besoins de chaque région, surtout très simples, très élémentaires, et en accentuant encore son caractère professionnel. Non point que nous nous proposions de limiter une fois pour toutes le champ des connaissances de l'indigène, de maintenir celui-ci, au point de vue intellectuel, dans une situation d'infériorité, afin de le river à sa condition et de l'asservir, mais parce que nous estimons, qu'en pareille matière, il ne faut progresser qu'avec une sage lenteur, si l'on ne veut pas risquer de donner à l'indigène l'idée et le goût d'une vie autre que celle qu'il peut avoir, des aspirations qu'il ne pourra satisfaire et de faire ainsi des déçus et des mécontents ;

2° En rendant de plus en plus étroite la collaboration de l'indigène et du colon ; de l'indigène qui s'initiera, ainsi, à de nouveaux procédés de culture, qui apprendra du colon à accroître le rendement de sa terre, qui prendra du colon l'habitude d'un travail régulier et soutenu et à qui le colon fera partager son amour de la terre ; du colon qui a toujours vu dans l'indigène, non point un ennemi, comme on l'a dit quelquefois, mais un auxiliaire indispensable. Ainsi que l'écrivait, en effet, en 1893, M. Jonnart, dans son rapport sur le budget de l'Algérie : « *le simple bon sens, à défaut des leçons du passé, suffirait à nous convaincre que la prospérité de la colonisation européenne est intimement liée au bien-être et au développement intellectuel de la race indigène* » (p. 109).

Or, à ces divers points de vue, beaucoup a été fait déjà.

Il nous suffira d'abord de rappeler que toutes les institutions créées pour les Européens sont également accessibles aux indigènes. Les écoles d'agriculture, notamment, reçoivent des élèves des deux catégories et si les indigènes n'en profitent pas davantage c'est surtout à raison de leur apathie naturelle et de leur aversion pour des méthodes qui les éloignent d'une routine ancestrale (1).

Nous signalerons ensuite des œuvres qui sont spéciales aux indigènes :

La création, dans nombre d'écoles indigènes, « d'un enseignement pratique adapté au milieu et proportionné à la force physique des élèves » et donné par des instituteurs ayant reçu, à cet effet, une préparation appropriée à la section spéciale de l'école normale de la Bouzaréah ;

La création de cours de taille de vigne et de cours d'apiculture ; la fondation des fermes-écoles de Taourirt-Zouaou, de Ben-Chicao, de Mazouna et d'Ammi-Moussa, de l'école professionnelle pour l'enseignement de la menuiserie de Tamazirt, des écoles professionnelles pour l'enseignement de la maçonnerie de Fort-National, du Télagh, de Saint-Lucien, d'Akbou et de la Soummam ; l'école de vannerie d'Azazga ;

L'organisation de concours agricoles indigènes, de concours de labour ;

Enfin, les deux cent six sociétés indigènes de prévoyance, avec leurs 550.000 membres et leur actif de plus de 25 millions ; les dix Caisses régionales de Crédit Agricole mutuel, exclusivement indigènes ; les Mutuelles-Labour.

---

(1) Ainsi, récemment encore, le Président de la Délégation financière indigène, après avoir constaté que l'école d'agriculture de Philippeville était ouverte aux Indigènes comme aux Européens, déclarait : « Il est regrettable que les Indigènes s'abstiennent de profiter d'un enseignement qui leur serait extrêmement profitable » (Délégation indigène. Section Arabe, séance du 8 juin 1914).

Presque toutes ces institutions ont été créées par l'Administration ou sous son inspiration et sont subventionnées par l'Algérie ou les communes.

Mais, les colons se sont employés de leur mieux à assurer le succès de ces tentatives. M. l'inspecteur de l'Enseignement des indigènes Rolland, (à qui l'on doit un projet fort intéressant de création d'un *Office du travail indigène*, destiné à rapprocher les offres et les demandes de travail indigène) constate, notamment, dans l'un de ses rapports, que nombre de colons se sont prêtés, de très bonne grâce, à faire l'éducation professionnelle d'anciens élèves des écoles indigènes placés chez eux comme apprentis. De même, les colons ont ouvert très largement aux indigènes leurs Syndicats et leurs Caisses régionales de Crédit Agricol Mutuel. Il est même des institutions dont la création est due à leur seule initiative, telles que le Syndicat agricole indigène d'Ammi-Moussa et les Coopératives indigènes d'exploitation du sol de Sétif (Pasquier : *Les Associations agricoles en Algérie*, p. 465 et suiv.).

Ainsi, la voie du progrès est ouverte. Il suffit de poursuivre dans cette voie, tout au plus de l'élargir.

Il est à remarquer, d'ailleurs, qu'en montrant ainsi à l'indigène qu'il lui est possible de mieux vivre sur sa terre et en l'aidant à y mieux vivre, on n'arrivera pas seulement à améliorer la situation matérielle et morale de cet indigène, on parviendra également à réduire la fréquence et l'importance de l'indivision, à assurer le maintien et même à favoriser le développement de la moyenne et de la petite propriété, *à contribuer à la formation d'une véritable classe moyenne* au sein de la Société indigène rurale, et par là même à écarter le danger menaçant d'un prolétariat indigène agricole dont l'existence s'est déjà manifestée en quelques régions de l'Algérie et dans l'intérêt de qui M. l'inspecteur Rolland a suggéré l'idée de cette fondation d'*un office du travail indigène*, dont il a été parlé plus haut.

II. — Réforme des impôts arabes

Si des études en vue de cette réforme n'ont pas été entreprises, c'est à la demande même des représentants des indigènes aux Délégations financières.

Ces projets de réforme, en effet, ont toujours quelque peu inquiété les indigènes. Outre qu'ils se plaisent à considérer que leur système fiscal a son origine dans le Coran et que, pour ce motif, tout projet de réforme éveille chez eux des scrupules religieux, ils ne voient pas sans appréhension l'annonce de la réforme d'un système, quelque défectueux qu'il soit, dont la réalisation pourrait se traduire, pour eux, par une aggravation de charges. Et c'est ainsi qu'en 1912, aux Délégations financières, c'est « devant le sentiment unanime des représentants des populations indigènes », qu'il a été décidé que le *statu quo* serait maintenu jusqu'au moment où une réforme plus complète du régime impositaire de ces populations aurait pu être réalisée. En somme, à la réforme des impôts arabes, les indigènes préfèreraient une assimilation fiscale absolue. Aussi, l'Administration algérienne a-t-elle orienté ses études, non pas « dans le sens d'une amélioration dans l'assiette des impôts arabes existants, mais de leur suppression et de leur remplacement, dans un délai plus ou moins court, sur une partie du territoire seulement ou dans toute son étendue, par la contribution foncière des propriétés non bâties ayant pour base la valeur locative du sol » (Evaluation des propriétés non bâties ; rapports de M. Charles Lutaud, Gouverneur Général de l'Algérie, sur les opérations effectuées au cours de l'année 1914).

Il est à prévoir que le rendement de cette contribution foncière perçue sur les terres appartenant à des indigènes sera inférieur à celui des impôts arabes. Mais il est à prévoir, également, que dans un avenir peu éloigné, conformément au vœu émis en 1914 par les Assemblées Algériennes, un impôt sera établi sur le revenu en Algérie, impôt que devront acquitter les indigènes comme les européens. Et l'on s'est demandé si la sagesse ne commandait pas, pour éviter de troubler les indigènes par un relèvement de leurs impositions, suivant de si près une réduction des taxes dont ils sont frappés, d'attendre, pour supprimer les impôts arabes, que les deux réformes « établissement de l'impôt sur la propriété non-bâtie », « établissement d'un impôt sur le revenu », puissent être réalisées.

Aujourd'hui, une autre considération vient encore justifier ces hésitations, c'est celle des charges auxquelles l'Algérie devra faire face après la guerre, de la difficulté qu'elle aura à assurer l'équilibre de son budget et de l'obligation où elle sera de différer toute réforme qui se traduirait par une diminution de ses recettes.

Quoi qu'il en soit, à la demande même des indigènes, cette suppression des impôts arabes ne saurait être opérée dès avant que n'ait pu être mise en recouvrement la contribution foncière sur la propriété non-bâtie. Or, des études ont été entreprises, dès 1913, en vue de l'établissement de cette contribution ; elles ont été poursuivies en 1914 et 1915 ; la guerre les a ralenties sans les interrompre. Mais il se peut qu'un certain temps s'écoule encore avant qu'elles n'aient abouti. Il ne faut donc point, dans ces conditions, compter que la suppression des impôts arabes soit une de ces réformes susceptibles d'être accomplies sans délai.

Celui-là seul s'en étonnera qui ignorera le temps qu'il a fallu, en France, pour arriver à transformer en impôt de quotité, la contribution foncière des propriétés bâties d'abord, puis celle des propriétés non-bâties.

Ainsi :

1° S'efforcer de rendre plus fréquentes et plus confiantes les relations entre français et indigènes ; et, pour cela, propager de plus en plus la connaisasnce de la langue française et multiplier les centres d'enseignement, mais tout en s'efforçant, par l'adaptation des programmes et des méthodes aux besoins de chaque région, de ne pas contribuer à la création de déclassés et de mécontents ;

2° Donner à l'indigène l'habitude et le goût du travail; lui inculquer des habitudes d'économie et d'épargne ; en un mot, le persuader que c'est de lui-même, avant tout, qu'il doit et qu'il peut attendre l'accroissement de son bien-être et non plus uniquement, comme jadis, des gracieusetés du Beylick ou des largesses du personnage influent dont il s'est fait le client ;

3° Donner à l'indigène la notion d'intérêts collectifs autres que ceux de famille ou de *çoff*, le faire participer à la gestion de ces intérêts ; en un mot, créer, organiser, une vie municipale en commune mixte et y associer de plus en plus largement les indigènes.

Telles sont les mesures qui nous apparaissent comme étant de nature à procurer à la population indigène une amélioration sérieuse et durable de sa condition matérielle ou morale et qui sont le préliminaire indispensable des réformes politiques, car la jouissance des droits politiques ne doit être concédée qu'à ceux qui peuvent exercer ces droits non seulement avec discernement, mais aussi en toute indépendance, et l'indépendance politique ne peut appartenir qu'à celui qui, déjà, dans une large mesure, possède l'indépendance et la sécurité matérielles. Et ainsi, se constitueront au sein de la société indigène, *ces classes moyennes*, dont, si souvent, l'on a déploré l'absence en Algérie et dont l'existence, qui est un élément de paix sociale, aidera à combler le fossé qui se creuse et s'élargit tous les jours entre une élite, véritable état-major sans troupes, et la masse des indigènes (1).

Evidemment, tout cela ne se décrète pas et ce n'est qu'au prix d'efforts soutenus et prolongés que de tels résutats pourront être obtenus. Quelques personnes généreuses pourront s'impatienter de ces lenteurs. Qu'elles veuillent bien se souvenir de l'état d'anarchie dans lequel se débattait l'Algérie avant 1830, songer que la paix française n'y règne que depuis bien peu de temps, puisque la dernière insurrection ne date que de 1881, et se dire qu'il s'agit d'entreprendre une transformation sociale et que toute transformation sociale est une œuvre de longue haleine.

Mais le jour où, en même temps que le désir d'une existence matérielle plus large, plus libre, plus indépendante, on aura donné aux indigènes les moyens de s'assurer cette existence, la question de l'octroi des droits politiques aux indigènes sera facile à résoudre. On peut même dire qu'elle ne se posera pas. La conception qu'ont actuellement de la vie sociale les indigènes se sera tellement transformée, elle différera alors si peu de la nôtre, qu'il ne leur en coûtera guère, à ce moment, s'ils veulent acquérir la plénitude des droits politiques, de faire, à la qualité de citoyen, le sacrifice de leur statut personnel, et nous ne serons plus sollicités, comme aujourd'hui, de nous prêter à des concessions dont le principal effet serait de déprécier le titre de citoyen et de détruire, en Algérie, l'unité de la nation française.

(1) Les « jeunes algériens » sont les premiers à le reconnaître : « Nous avouons qu'il existe une grande différence de pensée entre nos coreligionnaires illettrés et nous » (Interpellation sur la politique indigène en Algérie, mise au point et précisions en réponse au discours de M. Broussais, p. 13).

www.ingramcontent.com/pod-product-compliance
Ingram Content Group UK Ltd.
Pitfield, Milton Keynes, MK11 3LW, UK
UKHW020954220726
13924UKWH00002B/679